PAIX OU GUERRE.

PRIX : 50 CENTIMES.

Vendu au profit de la Société pour l'organisation des Secours à donner aux Blessés militaires, à Aix-les-Bains (Savoie).

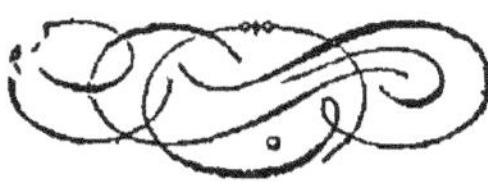

AIX-LES-BAINS,

IMPRIMERIE BACHET.

—

1870

PAIX ou GUERRE.

Celui qui écrit ces lignes est manufacturier, habitué, par conséquent, par profession, à voir les choses sous leur côté positif. Il vient de parcourir presque toute la France, toute la Suisse, toute la Belgique, et a pu ainsi entendre juger les choses à des points de vue différents.

Il s'est posé la question que tout Français doit se poser aujourd'hui; car demain il aura à la résoudre, soit par un vote, soit en courant aux armes : faut-il demander la paix? faut-il poursuivre la guerre ?

Il a examiné :

1° Le but de la guerre actuelle,

2° Les résultats de la conclusion de la paix en ce moment,

3° Les résultats de la continuation de la guerre,

4° Les moyens d'exécution.

Il communique à ses concitoyens ses réflexions : puissent-elles être utiles !

I. — *But de la guerre actuelle.*

La guerre actuelle a eu pour cause première, en Allemagne comme en France, un faux point de vue patriotique, la vanité nationale. C'est cette vanité qui, jointe à la naïveté, a fait aux Français complète illusion sur le rôle que la France doit jouer dans le monde et sur les forces dont elle dispose. C'est cette vanité qui, jointe à la candeur allemande, fait poursuivre par la Prusse, comme un but de quelque honneur et de quelque profit, l'humiliation et le démembrement de la France.

L'empereur Napoléon III, si coupable qu'il soit dans cette circonstance, et sa responsabilité est effroyable, M. de Bismarck, malgré son habileté machiavélique, sont des causes secondaires. Les vrais auteurs de la guerre, ce sont les instincts des deux peuples, instincts que plusieurs générations ont transmis à la génération actuelle.

L'éducation politique manque aux deux peuples : ils n'ont compris ni l'un ni l'autre que la politique, qui est l'administration des affaires générales, doit être régie par les mêmes principes qui régissent nos affaires particulières. Il résulte de cette erreur que ce qui est flétri dans la vie privée est loué dans la vie publique. En politique, la fraude, la violence, l'iniquité, sont fleurons à la couronne d'un homme d'Etat ; le succès est la seule mesure qu'on y connaisse. Aussi, voyant ce qui est mis en pratique, M. de Bismarck a pu dire logiquement : LA FORCE PRIME LE DROIT.

C'est cet instinct de faux patriotisme qui a fait que la France a accepté la guerre actuelle ; car, il faut le reconnaître, l'empereur seul a décidé cette guerre insensée : mais la presse française l'a acclamée, mais le Corps législatif l'a votée, mais personne dans la nation, sauf quelques hommes qui ont été couverts de huées, n'a eu le courage de s'élever contre elle. Et si le succès l'avait couronnée, qui se serait plaint? Quelques pauvres mères auraient dévoré en silence leurs larmes, quelques hommes de travail auraient subi la ruine, et la honte qui y est injustement attachée; mais la foule aurait crié en masse : AVE, CESAR, IMPERATOR ! *Vive César, victorieux !* C'est pour cela que la guerre a été décidée; elle devait profiter au vainqueur, et on espère toujours être vainqueur !

En était-il autrement en Allemagne? Nullement, et le regard clairvoyant de M. de Bismarck pouvait lire ceci : ce peuple me pardonnera tout, et ses droits violés et sa ruine et le sang qu'il versera à torrents, à une seule condition... ah! celle-là est essentielle... c'est qu'on le mène à la victoire !

La guerre étant, par suite de la fausse éducation politique des peuples, un moyen de gouverner les hommes, et le succès étant imposé aux chefs d'Etat comme une nécessité, ils doivent, logiquement, le poursuivre à tout prix. Il faut, après une guerre meurtrière et ruineuse, qu'ils montrent un résultat qui en soit la compensation. Une indemnité suffit-elle? Non, car elle n'est que le remboursement, plus ou moins complet, des frais faits. Il faut un territoire; cela seul semble un bénéfice clair, positif; cela se voit; cela se touche; cela se mesure! On oublie alors les morts, les blessés, la ruine; car la passion, *le faux instinct patriotique*, la vanité nationale, ont leur satisfaction !

Il est donc évident que le roi de Prusse rentrant à Berlin sans l'Alsace et la Lorraine allemande, serait dans la même situation que Napoléon III après le désastre de Sédan; il n'aurait pas rempli sa mission : sa couronne serait perdue.

Le but de la guerre actuelle est donc nécessairement une conquête territoriale. Le roi Guillaume est donc lié, forcé, contraint; rien ne peut l'empêcher de réaliser le projet caressé de longue date; il a derrière lui un peuple entier qui le pousse, et le mouvement donné à ce peuple ne peut se changer par un discours, par des articles de journaux, ou par une démarche diplomatique.

Il faut donc, pour obtenir la paix en ce moment, ou consentir la cession territoriale, ou rejeter par un acte de suprême énergie les Allemands chez eux Il n'y a que ces deux moyens.

La France peut-elle faire cette cession territoriale? Oui, si les populations de l'Alsace et de la Lorraine y consentent. Non, si elles refusent.

Or, elles s'y refusent complètement.

Dans cette situation, pouvons-nous les abandonner?

Moralement, non !

Mais du moins le sacrifice que nous imposerions à nos frères de l'Alsace et de la Lorraine serait-il notre salut? C'est ce que nous allons voir.

II. — *Résultat de la conclusion de la paix en ce moment.*

La guerre est chose si horrible, si contraire à l'esprit moderne qui est le développement du travail, que, de toutes parts, la paix est désirée comme le plus grand de tous les biens. La paix serait donc une satisfaction sans bornes donnée à tous; tous, le jour où elle serait proclamée, nous aspirerions l'air à pleins poumons et revivrions en sentant cet immense bienfait.

Mais, le lendemain... nous examinerions la situation. Que

verrions-nous? Une paix précaire, humiliante, la remise à huitaine d'un procès dangereux, le renouvellement à gros intérêts d'un lourd engagement. Cela n'est pas une solution.

Une semblable paix serait sans sécurité; car la sécurité repose sur le respect qu'on a des droits d'autrui et sur celui qu'on inspire de ses propres droits.

Or, quel respect aurions-nous d'un traité que nous considérerions comme arraché par la force? Aucun; nous qui, au bout de cinquante-cinq ans, n'avons pu oublier Waterloo, et qui avons applaudi, en 1870, à la conquête des provinces du Rhin. C'est tellement vrai que, de tous côtés, on entend dire aux partisans de la paix : « Qu'on signe la paix, n'importe à quel prix, et que le lendemain on recommence la guerre!.» C'est-à-dire, promettons avec l'intention de ne pas tenir! Commettons une infamie pour nous sauver! Mais cette infamie nous sauvera-t-elle au moins? En aucune façon; une mauvaise action est toujours inintelligente et elle se retourne tôt ou tard contre celui qui la commet. Le peuple allemand, qui nous a aussi bien prouvé sa finesse en diplomatie que sa force dans la guerre, devinerait facilement une ruse dont notre vivacité française ferait d'ailleurs peu mystère, et nous ne le prendrions pas au dépourvu. Nous aurions successivement les surprises d'une foule de conditions onéreuses que l'esprit fertile en malices de M. de Bismarck ferait surgir à mesure qu'on voudrait traiter. Et quand on aurait tout accepté, que se passerait-il? Dans les deux pays, on continuerait une course au clocher dans la voie des armements ruineux, et la paix armée jusqu'aux dents mène fatalement à la guerre.

Mais si, instruits par une dure expérience, nous respectons ce traité, la Prusse le respecterait-elle? Pouvons-nous l'espérer? *La force prime le droit*, voilà la théorie régnante. Or,

quelle force aurions-nous? Diminués de trois grands départements, les plus militaires de France, liés par des conven-
tions gênantes, accablés d'indemnités de guerre, démoralisés
par l'insuccès, divisés par la politique intérieure, quel respect inspirerions-nous? En quoi alors serions-nous plus redoutables qu'aujourd'hui? Mais nous serions nerveux, irri-
tés, susceptibles, et juste assez excités pour fournir bientôt le
prétexte d'une nouvelle guerre qui aboutirait à un nouveau
démembrement, et, ainsi, nous tomberions de chute en
chute à l'anéantissement.

La paix, avec une semblable perspective, serait-elle un
grand bienfait? Serait-il possible, dans de pareilles conditions, de travailler, et le premier soin de tout homme pru-
dent, ne serait-il pas de liquider au plus vite ses intérêts et
d'aller au loin exercer son industrie? Non, cette paix boî-
teuse et honteuse ne sauverait rien: le présent serait insoute-
nable et l'avenir perdu.

Donc, au point de vue des intérêts, comme au point de vue
moral, la paix, sur la base d'une cession territoriale, est une
mauvaise solution.

Elle est si évidemment mauvaise, qu'aucun gouvernement
en France, quelle que soit son origine, n'oserait signer une
semblable paix. Aussi, les partisans de la paix à tout prix le
comprennent si bien, qu'ils veulent faire peser l'écrasante
responsabilité d'une semblable décision sur une Assemblée,
espérant que cette responsabilité plus divisée semblera moins
lourde à chacun. C'est une erreur; la nécessité des circonstances s'impose et ne nous laisse pas le choix des moyens :
personne, par ce motif, qu'il soit membre d'une Assemblée
ou membre d'un Gouvernement, n'osera mettre son nom au
bas d'un semblable traité. Donc, la paix, dans ces conditions,
est impossible.

D'ailleurs, la paix ne nous a jamais été offerte sérieusement ; la cession de l'Alsace et de la Lorraine allemande n'est pas le dernier mot de la question, et ce que veut M. de Bismarck, c'est la réduction de la puissance de la France à une situation qui la rende impuissante pour toujours à lutter contre l'Allemagne. Voilà la conclusion logique de la politique allemande ! Nos adversaires nous ont prouvé leur prévoyance : ne nous faisons pas l'illusion de les croire sensibles à d'autre sentiment que le désir d'user de leur force dans toute sa rigueur. Ils ne le prouvent que trop.

Il ne s'agit donc point de savoir si la paix est plus dans nos goûts et dans nos intérêts que la guerre ; elle ne nous est pas offerte SINCÈREMENT. Nous n'avons pas le choix.

Notre parti doit donc consister, non à prendre les résolutions que conseilleraient l'humanité et la sagesse, mais à choisir entre deux maux le moindre ; et le moindre, c'est, au prix d'un grand effort, de rester maîtres chez nous, maîtres de nos destinées, maîtres de notre bien, maîtres de notre travail, toutes choses qui ne nous appartiendraient plus le jour où il aurait été démontré qu'une invasion a pu non-seulement surprendre (ceci se comprend), mais RÉDUIRE A MERCI un peuple de 38 millions d'hommes, célèbres jusque-là, dans le monde entier, par leur courage et leur esprit d'indépendance.

III. — *Résultats de la continuation de la guerre.*

La guerre pour le maintien du territoire demande un effort énergique auquel la nation est mal préparée militairement et non moins mal préparée moralement.

Militairement, nous sommes écrasés. Cela est malheureusement de toute évidence.

L'empereur Napoléon III, son ministre de la guerre et ses maréchaux avaient charge de mettre la France en état de tenir tête à l'ennemi et de ne l'engager dans une guerre que bien prête. Au lieu de cela, ils l'ont jetée le cœur léger, sans préparatifs sérieux, avec une infériorité numérique écrasante, dans une aventure, et déplorablement commandées, nos armées ont appris un mot qui n'était pas français jusque-là, le mot CAPITULER.

L'armée presque entière a capitulé, mais la nation est-là, et il semble, au premier abord, que la tentative faite par un million d'Allemands de tenir, chez elle, pliée sous leur domination une nation de 38 millions d'hommes, est insensée. Elle le serait, en effet, si cette nation avait l'énergie nécessaire, mais elle est mal préparée.

En effet, la jeunesse n'a pas reçu, comme en Suisse, l'éducation militaire ; les hommes n'ont pas, comme en Prusse, servi trois ans sous les drapeaux ; et, depuis longtemps, l'état militaire constitue, en France, une profession spéciale, étrangère au gros de la nation, étrangère surtout aux classes aisées qui ont pris d'autres directions. Cela a duré cinquante ans ainsi et, un beau jour, on a crié : AUX ARMES TOUS LES FRANÇAIS ! Il est fort naturel que cet appel n'ait soulevé que peu d'enthousiasme, car on ne change pas les habitudes d'un pays entier par une proclamation, quelque éloquente qu'elle soit.

Il s'est manifesté alors une tendance déplorable : chaque département a été beaucoup plus préoccupé de son propre salut que du salut du pays ; d'après sa situation géographique, il s'est plus ou moins désintéressé dans la question nationale. De même, dans chaque département, chacun, suivant sa position, a calculé ses risques et n'a cherché qu'à les éviter, sans s'inquiéter du voisin. L'immense développement de la richesse qui a eu lieu dans ce pays depuis cinquante ans, au lieu de produire la dignité et la fermeté de caractère, a produit l'effet contraire. On y a vu, à plusieurs reprises, la terreur des rouges, c'est-à-dire d'un parti infiniment petit, sans consistance, sans direction, sans but pratique, d'un parti dont il n'y avait, par conséquent, rien à craindre que des cris sans portée, faire trembler la France entière. Par terreur de ce parti, trois fois la France a abdiqué ses pouvoirs et a laissé entre les mains d'un seul homme le droit de tout faire, ce qui finalement a amené ce résultat que, pour éviter un péril imaginaire, on s'est jeté tête baissée dans une horrible guerre, le plus grand des périls !

Eh bien ! il faut que le pays rachète cette peur honteuse ! il faut que tout homme prouve qu'il n'est pas besoin d'avoir porté un uniforme pour avoir du courage ! Si les 8 millions de Français valides se lèvent, quel risque sérieux court donc chacun d'eux ? Il est presque nul. Mais il grandit par la défection de ceux qui cherchent à esquiver leur devoir, car la division est, en pareil cas, la ruine. Il faut que chacun prenne son parti de cette situation malheureuse et qu'au lieu de chercher mille échappatoires, il se tienne prêt à partir le jour où son tour sera venu. Il faut qu'il cherche à organiser par lui-même, autour de lui, les moyens de défense et qu'il songe à suppléer à ce que la direction générale des choses a de défectueux ; il faut, au lieu de passer son temps à une critique facile dans de pareilles circonstances, aider les chefs que les circonstances nous ont donnés. Il y a des exemples qui prouvent ce qu'on peut avec de la bonne volonté : quelques négociants, ingénieurs et manufacturiers ont organisé cette Commission de l'armement national, qui a su chercher et trouver des armes dans le monde entier. Des Commissions semblables peuvent s'organiser pour d'autres objets, avoir leurs succursales dans chaque département, et, appliquant à la politique l'esprit pratique des affaires, exercer une influence décisive. Que chacun donc s'ingénie à trouver la voie dans laquelle il peut être utile ! Qu'il comprenne bien que le salut du pays, dans les circonstances actuelles, n'est pas une idée philosophique, mais une nécessité d'où dépend notre vie et notre bien à tous, sans exception !

Quand cette idée sera répandue, et la nécessité aidée des violences de l'ennemi la répandront fatalement, nous serons près du succès. Que peut l'ennemi sur un territoire où chacun est prêt à se défendre ? Quand bien même chaque combat serait une victoire pour lui, les marches, la fatigue, les maladies, les combats incessants, émietteront ces armées formidables ; elles se fondront, et finalement pas un de nos envahisseurs ne sortira de France !

Mais nous n'avons pas d'armes ! — C'est une erreur : il en arrive de tous les côtés et des meilleures. Dans un mois, tout Français pourra avoir un fusil, et tout garde mobilisé aura même un fusil à tir rapide.

Mais nous n'avons pas d'artillerie ! — C'est une erreur, on en organise une formidable.

Mais nous n'avons pas de chefs ! — Les circonstances les produiront.

Mais... ne faisons pas comme ces collégiens qui ne veulent travailler, prétendant que la salle d'étude est désagréable. Ah ! disent-ils, quand nous aurons une petite chambre d'étudiant, un bon feu, une grande pipe, comme nous travaillerons bien ! Quand ils ont la petite chambre, le bon feu et la grande pipe.... ils continuent à ne rien faire !

La bonne volonté de se défendre existant dans le pays, que peut l'ennemi ?

Je suppose le pire : il est vainqueur continuellement et sur toute la ligne.

Dans ce cas, ou bien il continuera à n'occuper qu'une partie restreinte de notre territoire, ou bien il cherchera à occuper le territoire entier.

J'envisage les deux hypothèses.

Dans le premier cas, la guerre s'éternise ; car la partie occupée immobilise une fraction des forces ennemies, pendant que la partie libre fournit un ravitaillement perpétuel d'hommes et de ressources.

Dans le second cas, il faut à l'ennemi 20 mille hommes par département pour le maintenir, et 150 mille hommes à Paris, même pris et désarmé, c'est-à-dire, à perpétuité, près de 2 millions d'hommes en France.

Dans les deux cas, la situation est très-dure pour nous : mais est-elle praticable pour l'Allemagne ? Supportera-t-elle indéfiniment cet état de choses ? L'esprit de transaction ne se fera-t-il pas jour ? Le bon sens se refusera-t-il à reconnaître que l'Allemagne a sa sécurité dans son unité et non dans quelques départements annexés malgré eux ? Ne laissera-t-on pas ces départements se prononcer sur leur sort ? Et si la sécurité de l'Europe exigeait que nous les perdions, ce qui n'est pas, libres, en s'annexant les uns à la Suisse, l'autre à la Belgique, de suivre leur penchant naturel, et d'interposer ainsi, à perpétuité, une barrière entre nous et nos redoutables voisins.

Cela semble évident.

Mais ce qui est certain aussi, c'est qu'un peuple qui se défend finit par avoir le dessus, fait respecter son territoire et se fait respecter lui-même.

Il y a trois objections contre ce système de défense à outrance : 1° il peut amener, si l'Allemagne s'entête de son côté, la conquête du pays tout entier. — Acceptons, bien qu'elle soit peu probable, cette conséquence. Mieux vaudrait pour la France qu'elle fût entièrement conquise, après une résistance honorable qui la ferait estimer et respecter du vainqueur lui-même, que d'être démembrée! Elle aurait, dans son malheur, des compensations, tandis que, démembrée, elle serait à la merci du vainqueur, faible, moins par ce qu'elle aurait perdu, que par la démonstration de son impuissance.

2° Le système de la guerre à outrance mène le pays à sa ruine. — Je ne le pense pas : la guerre actuelle se fait chez nous, et si le pays est cruellement dévasté, par contre, l'organisation, le transport de toutes choses, sont bien moins coûteux que si elle se faisait au loin. D'ailleurs, l'économie que nous allons faire sur le régime impérial, sur notre marine militaire si coûteuse et si impuissante, sur les armées permanentes, dont la suppression sera la conséquence de notre effort énergique, paiera l'intérêt et l'amortissement d'une dette de 8 milliards. Enfin, quelque prix que coûte l'indépendance, elle est le bien sans lequel les autres ne sont rien.

3° Ce système est inhumain. — C'est la guerre qui est inhumaine et non la défense! Il fallait songer à cette inhumanité avant de battre des mains quand des insensés criaient: Au Rhin! Il fallait songer à cela avant de concéder à un souverain le droit de paix et de guerre! Il fallait penser que le pouvoir autoritaire aboutit nécessairement aux entreprises militaires, et ne pas le consolider à trois reprises par 8 millions de voix! Aujourd'hui, il faut supporter les conséquences de nos fautes et nous battre courageusement!

D'ailleurs, à côté des sombres couleurs que donne à l'esprit la perspective de la continuation de la lutte, il faut songer que la défense faite avec énergie nous procurera trois grands biens.

D'abord, l'indépendance sans laquelle on ne peut vivre et la liberté qui, dès maintenant, existe sur une large échelle sans nuire à personne.

Ensuite, la diminution du pouvoir, qu'il soit monarchique ou législatif. En effet, dès à présent, la décentralisation est mise en pratique par ce fait que la capitale étant bloquée, les départements vivent par eux-mêmes. De plus, on ne peut considérer la délégation de Tours comme ayant une énorme influence sur la marche des choses : sauf un ministre jeune, actif, intelligent, les autres sont des hommes infiniment respectables, mais de peu d'initiative. Nous sommes donc arrivés à ce magnifique résultat, qu'il est démontré que les choses marchent d'elles-mêmes par le fait du bon vouloir de chacun, et non par le fait d'un ou de plusieurs hommes plus ou moins éminents. La théorie des hommes providentiels est pour toujours dans le domaine du ridicule, et, sans nous en douter, nous démontrons pratiquement, au milieu d'une crise effroyable, que la société marche d'elle-même et qu'elle a toujours porté sur ses épaules, et ils étaient de poids, ceux qui prétendaient la soutenir.

Enfin, nous réalisons la suppression des armées permanentes. — Il y a quelques années, quand on parlait de faire des armées de citoyens et de supprimer la distinction déplorable entre le militaire et le citoyen, que répondaient les chefs de l'armée ? Ils levaient les épaules. Où sont ces chefs aujourd'hui ? Ils sont en Prusse, prisonniers. Où sont ces armées si ruineuses et si oppressives de toute liberté ? Elles sont en Prusse, prisonnières. Que nous reste-t-il aujourd'hui ? A part quelques héros échappés, au péril de leur vie, nos armées se composant de bourgeois qui, il y a six mois, ne songeaient pas à être militaires. Ils sont là, et ce sont eux, dont on faisait fi, qui se battent maintenant et bravement, Dieu merci ! C'est à eux, si dédaignés hier, que nous devons nos premiers succès. Mais quelle est cette démonstration ? C'est qu'un pays doit être défendu par l'ensemble de ses citoyens, et non par une fraction ; c'est que tous nous portons l'épée et ne la confions plus à quelques-uns. Adieu donc, armées ruineuses, effroi de nos libertés, cause de nos guerres ! Et salut à vous, armée de citoyens, organisés, non pour attaquer, mais pour défendre nos existences, nos biens, nos libertés !

Ces trois résultats, acquis aujourd'hui, sont si considérables ; ils auront de si grandes conséquences pour l'avenir du pays, que la réparation de nos malheurs sera vite faite. quand nous aurons rejeté chez eux nos ennemis. Ah ! avec quelle énergie, alors, nous reprendrons nos travaux ; comme, aidés des immenses moyens de production, nous aurons vite comblé les vides, rebâti nos maisons, refait notre situation agricole et industrielle ; c'est que l'effort que nous aurons fait pour repousser l'envahisseur, nous le porterons pour faire reculer à son tour la misère et l'ignorance, et nous les vaincrons, elles aussi !

Notre dignité, notre intérêt, notre avenir, sont donc inséparablement liés à l'effort énergique, à la continuation de la guerre, non pour une vaine gloire, mais jusqu'à ce que notre sol soit débarrassé de l'étranger. Et alors, comme nous saurons ce que coûte un semblable effort, nous ne serons plus ce peuple, bon et léger, se battant pour la Belgique, qui emprisonne nos militaires échappés des mains de l'ennemi et saisit les armes que nous achetons, pour l'Italie qui nous regarde avec indifférence, elle que nous avons créée ; nous n'irons plus, protégeant ou menaçant tout le monde, mais nous nous occuperons de nos affaires et ferons pacifiquement, sans tirer un coup de fusil, des annexions par le spectacle de la sécurité, de la liberté, du bonheur, que trouveveront les citoyens qui auront l'honneur d'être Français !

IV. — *Moyens d'exécution.*

Un effort comme celui qui sera nécessaire nécessite des mesures énergiques. Ces mesures sont de deux natures : les mesures militaires et les mesures financières.

MESURES MILITAIRES. — La levée en masse, telle que la pratique le Gouvernement de la défense nationale, est une très-bonne mesure ; le système d'appeler successivement, d'après l'âge et la situation, les classes, est à la fois très-équitable et d'une bonne administration. Il évite la confusion qui eût résulté d'un appel en masse immédiat et permet de tenir plus longtemps tête à l'ennemi, en ménageant nos ressources. Il n'y a qu'à louer le Gouvernement sur ce point.

Mais pourquoi, dans l'exécution, MM. les préfets républicains et patriotes exemptent-ils des amis parfaitement valides, en nommant maires de communes des célibataires de 25 à 40 ans ? Il en est de même d'une foule d'emplois qui exemptent du service militaire. Pourquoi les employés inférieurs de la Banque, pourquoi les séminaristes sont-ils exemptés ? Pourquoi n'a-t-on pas modifié les conditions d'exemption ? Comment des hommes, jeunes et vigoureux, sont-ils excusés sous prétexte d'infirmités ? Il en est de même des soutiens de famille, quand il s'agit d'une famille riche. N'est-ce pas le moment pour les classes riches de donner l'exemple ?

L'envoi de quelques Commissaires énergiques comme inspecteurs dans les départements, effacerait ces erreurs, en même temps qu'il donnerait de l'élan au mouvement national.

ARMEMENT. — L'armement doit être poussé avec la plus grande vigueur, et les crédits ne doivent pas être ménagés à la Commission d'armement national, *comme ils le sont*. On n'aura jamais trop d'armes ; c'est ce qu'il faut bien comprendre, et il ne faut pas reculer devant des marchés de quelques mois. Le temps passe vite, et l'échéance des livraisons sera bientôt venue et donnera un supplément d'armes disponibles. Gardons-nous des calculs étroits et demandons plus qu'il ne faut, afin d'avoir ce qu'il faut !

DIPLOMATIE. — Il y a dans certains pays beaucoup à dire : la France est dans une crise ; mais la crise passera et elle n'oubliera pas le mauvais vouloir de certains voisins qui saisissent les armes que nous achetons et internent les militaires qui traversent le territoire étranger pour venir défendre leur patrie. Les représentants du Gouvernement de la défense nationale n'ont pas besoin de se faire humbles. Un pays qui se défend doit être respecté et ses représentants doivent avoir de l'énergie. Qu'ils en montrent !

MESURES FINANCIÈRES. — Le succès n'est possible que si le pays tout entier comprend qu'il est solidaire dans cet immense malheur, qui s'appelle l'invasion. Il ne doit donc pas se brûler, dans l'Est et dans le Centre, une chaumière sans que le pays entier sache qu'il en supportera la charge. Eh quoi ! les pays envahis supporteraient seuls l'invasion et, pendant ce temps, les autres parties de la France regarderaient avec indifférence le désastre, en disant : « Cela ne me regarde pas ! » et on n'y saurait que gémir du départ des mobiles et maudire le Gouvernement de la défense nationale ! Cela n'est pas soutenable.

D'ailleurs, si nous nous mettons en société, si nous payons de lourds impôts, pourquoi le faisons-nous ? C'est pour éviter la violence, et surtout celle qui résulte de l'invasion de l'ennemi. Ou notre organisation sociale n'est qu'un leurre, ou quand le fléau a été infligé à une partie du pays, l'ensemble du pays doit la réparation du sinistre.

Il y a donc lieu de prendre à ce sujet le décret suivant :

ARTICLE UNIQUE. — *Dans toute commune qui se défendra contre l'ennemi, il sera fait, à la paix, état des pertes que l'ennemi aura causées et le montant de ces pertes sera remboursé au moyen d'un emprunt spécial qui sera créé alors.*

Par cette mesure, la défense sera encouragée ; car ce qui paralyse chacun est la crainte de perdre ce qu'il a, et quand on saura que le seul moyen de conserver son bien est de se battre, on se battra au lieu de se laisser ruiner.

EMPRUNTS. RÉQUISITIONS. — Il faut éviter les emprunts ; car si la guerre se prolonge, ils deviendront très-onéreux et difficiles à réaliser. Empruntons-nous à nous-mêmes le plus possible. Pratiquons les réquisitions largement ; il vaut mieux, dans l'intérêt de tous, que ce soient les Français que les Prussiens qui les fassent ; mais que ces réquisitions soient promptement réglées, en bons, portant intérêt à 6 % et payables dans les six mois qui suivront la paix. Ce sera alors le moment d'émettre des emprunts qui se feront facilement et à bon compte.

Gardons donc le plus possible les ressources données par les emprunts pour le paiement des choses à créer, et dont, par conséquent, le déboursé est à faire. Gardons-les aussi pour les paiements à l'étranger, mais entre nous usons-en le moins possible.

Ces mesures, indiquées à grands traits, contribueront à nous sortir de la crise que nous traversons ; mais, je le répète, ce qui y contribuera surtout, c'est le bon vouloir spontané de chacun *s'ingéniant à être utile*. N'attendons pas, dans une honteuse inaction, que le Gouvernement nous tire d'affaire. Tirons-nous-en nous-mêmes ! Agissons ! Que toute autre considération passe après la chose urgente, qui est de refouler l'ennemi et d'obtenir la Paix par le seul moyen qui nous reste, EN LA CONQUÉRANT !

23 Novembre 1870